宋祚民学术评传

张镜源◎主编

中国盲文出版社

中华中医昆仑

图书在版编目（CIP）数据

宋祚民学术评传（大字版）/ 张镜源主编. —北京：中国盲文出版社，2015.12
（中华中医昆仑）
ISBN 978 - 7 - 5002 - 6866 - 6

Ⅰ. ①宋…　Ⅱ. ①张…　Ⅲ. ①宋祚民一评传　Ⅳ. ①K826.2

中国版本图书馆 CIP 数据核字（2015）第 317050 号

宋祚民学术评传

主　　编：张镜源
责任编辑：亢　淼
出版发行：中国盲文出版社
社　　址：北京市西城区太平街甲 6 号
邮政编码：100050
印　　刷：北京华联印刷有限公司
经　　销：新华书店
开　　本：700×1000　1/16
字　　数：42 千字
印　　张：6.75
版　　次：2015 年 12 月第 1 版　2016 年 3 月第 2 次印刷
书　　号：ISBN 978 - 7 - 5002 - 6866 - 6/K・470
定　　价：12.00 元
销售服务热线：（010）83190297　83190289　83190292

丛书编委会

前　言

中医药是中华民族的伟大创造，是世界医学宝库中的夺目瑰宝，数千年来为中华民族的繁衍昌盛作出了巨大的不可磨灭的贡献，至今仍是中国医药卫生事业不可分割的重要组成部分，在维护民族体魄康健、促进经济社会发展中发挥着不可替代的作用。

中医药学，是中华传统文化和科技文明的结晶，是勤劳聪慧的中华儿女在几千年生产生活实践中，在与疾病作斗争的过程中，创造的独具特色的医学科学体系。它有着浓郁的民族特色、深厚的文化底蕴和丰富的哲学内涵。经过一代又一代中医药传人、一辈又一辈名医大家的实践探索、薪火传承、总结完善、创新发展，逐步形成了系统的理论体系、独特的诊疗方法、丰富的医学内容、实用的制药技术。具有疗效确切、用药安全、应诊灵活、普适简廉和预防保健作用显著的巨大优势，在世界医学之林独树一帜，为人类的文明进步与医疗保健事业，已经并正在作出积极的贡献。

为了弘扬中华民族传统文化，彰显中医药学家的丰功伟绩，当代中医药发展研究中心与中国文学艺术界联合会、国家中医药管理局新闻办公室、中华中医药学会、中国中医科学院、北京中医药大学、世界中医药学会联合会等精诚合作，在国家中医药管理局的支持和指导下，为中华近现代百年来贡献卓著、深受敬仰的150位中医药学家，编撰出版了这部大型传记丛书。丛书采用评传体裁，记载他们的生平事迹、医术专长、学术思想、传承教育、医风医德、养生之道和突出贡献，使这些宝贵的医学成就和精神财富发扬光大，千古流芳。

从书取名《中华中医昆仑》。昆仑山，被尊为“万山之祖”，柱西北而瞰东南，立中国而凭世界，凌驾乾坤，巍然屹立。以其高峻豪迈、绵延起伏的磅礴气势，寓意中华中医药学历史悠久、博大精深和永不衰竭；以其挺拔雄伟、高耸入云的恢弘气魄，彪炳一代中医药学家的丰功伟绩、杰出贡献和不朽勋业。

从书入选传主，从全国范围推荐遴选，遍及中医药界各个领域。有临床家、理论家、药学家、教育家、医史文献学家；有名师亲授、世医家教、学派传人、院校毕业和自学成才者；有师徒并驾、父子齐名和伉俪联袂者。他们学术造诣深厚、诊疗技术精湛、临床经验丰富、学科地位崇高、科研成果丰硕、医风医德高尚、国内外影响较大，从医学理论到临床实践，为中医药事业的传承和发展作出了突出贡献，是近现代百年来中华中医药界的杰出代表。

丛书的出版，对于弘扬中华文化，振兴中医药事业，造就中医药人才，普及中医药知识，具有重要的现实意义和深远的历史意义。这是一项开创性工作，填补了我国为著名中医药学家大规模撰写传记的空白；也是一项抢救性工作，因入选传主已仙逝过半，许多亲历、亲见、亲闻的史料日见散逸，将之收集整理、编撰成书，功垂后世、利国利民；更是一项承前启后的工作，总结传主经验，传承中医药伟业，继往开来，光耀世界医学之林。这部医文结合，富蕴历史性、学术性、文学性和实用性的鸿篇巨制，对医疗、卫生、科研、教育及全球关注中华中医药文化的各界人士，都有重要的参考和阅读价值。

丛书的编撰出版，是一项巨大的中医药文

化建设工程，在策划、撰写、编辑、出版过程中，自始至终得到了国家有关领导、政府部门及社会各界人士的关心和支持。国家中医药管理局高度重视，并组织专家对全书进行终审；数百名专家、学者亲临指导，参与规划；有关省、市、自治区卫生厅、局、中医局（处）给予大力帮助；传主及其亲属、弟子热情支持、密切配合；撰稿人深情满怀、辛勤笔耕；编审专家尽心竭力、精工细琢；关爱中医药事业的企业家热心公益、慷慨资助；全体工作人员不辞辛劳、无私奉献，这一切使丛书得以顺利出版。对此，我们深表谢意。

由于时间紧迫和资料搜集困难，加之水平有限，难免有疏误之处，敬请广大读者批评指正。

中华中医药学，历史悠久，源远流长，发端于远古，奔向于未来。百年对于历史，不过是短暂的瞬间；百人对于万众，不过是沧海一粟。然本丛书所记载的百年百人，则无疑是波澜壮阔的中医药发展史上辉煌的篇章和光芒闪烁的璀璨星辰。

张镜源

目录

中医药学博大精深，是华夏文化的重要组成部分。吾于杏林埋头耕耘六十余载，所学虽为沧海一粟，所为乃尽百分努力，能为病家祛除病痛，带来快乐，吾愿足矣。

——宋祚民

宋祚民，1925 年出生，北京市人。中医临床家，第三批全国老中医药专家学术经验继承工作指导老师。

宋祚民幼读私塾 10 年，奠定治学基础；痛感庸医误人，15 岁立志学医。1944 年毕业于北平国医学院，系京华名医孔伯华嫡传弟子，于 1946 年在中央考试院考取中医师资格后，挂牌行医。1950 年在北京市带头创办中医联合诊所，当中医联合诊所如雨后春笋般建立起来后，他则进入南京中医学院师资班进修学习，回京后成为北京市第一批西学中班的教师，为学生讲授中医基础与临床课程。这批西学中班的不少学生后来都成为中医界的名家。20 世纪 60 年代，宋祚民到北京中医医院儿科从事中医儿科的临床与教学工作，经过 10 余年的努力，为该院中医儿科病房的建立立下了汗马功劳，任儿科主任。因其对中医儿科事业卓著的贡献，他被推选为中华全国中医学会儿科委员会理事、北京中医学会儿科委员会主任委员、北京中医学会常务理事、北京市第一批名老中医专家、全国第三批老中医药专家学术经验继承工作指导老师，并被聘为北京中医研究所顾问、《北京中医》杂志编委、《中级医刊》特邀编审、中华全国中医学会儿科委员会顾问、北京中医学会顾问等。

宋祚民杏林耕耘 60 余载，在中医理论、临床、教学诸方面均有建树。他擅治温热时令病、血液病、心肌炎、肾病、中风、肺炎、脑炎、厌食等内、儿科各种疑难杂证。著有《孔伯华医集》，参与或主编了《中医症状鉴别诊断学》、

《小儿血液病学》、《乙型脑炎证治手册》、《大脑发育不全》等。在《北京中医》、《中医杂志》等专业报纸杂志上发表论文数十篇。其门徒有吴普增、宋文芳、宋瑾、叶明、张维广、杨景海、贾少林、李辛、叶茂茂、李建等十余人。宋祚民的临床经验由李建、宋文芳整理编辑成《中国百年百名中医临床家丛书——宋祚民》一书，2002年由中国中医药出版社出版。

幼遭不幸　立志学医

1925年3月23日，北京德胜门外，鬃行工人宋子铭喜得贵子。这是家里的第二个孩子，因是第一个男孩，宋子铭十分高兴，琢磨了好几天，起名叫“祚民”，“祚”为福之意，希望这个小孩将来能造福于民，并成为一个有福之人。

宋子铭祖籍山东掖县，清末时随父逃荒来到北京，从事体力劳动，以求温饱。后来在鬃行做工，十分辛苦，自从有了儿子后，他生活有了动力，不管做工回来有多累，也要抱着孩子耍一耍。宋子铭对儿子十分宠爱，在宋祚民很小时就送他到学堂念书，期望他将来能大有作为。

宋祚民6岁时，不幸将腿骨摔伤，造成终身遗憾。那是他上学之前，当时家住在东四附近的猪市大街（今五四大街），那里有个新建的商场——东四商场。那天，街坊的孩子跑来求宋祚民陪他去找他父亲，说他父亲在商场里听“什不闲儿”艺人唱曲儿。宋祚民就跟他一块去了。说书场在楼上，楼梯特别窄，还特别陡，散场时，街坊的孩子找到了他父亲，宋祚民也就跟着一起下楼梯。天很黑，没有灯，宋祚民没注意到楼梯下面还有一个高台阶，他一步迈下去，踏空了，摔倒在地。当时感到腿特别疼，歇了一会儿，勉强往回走，走到家腿全肿了。他奶奶特信针灸，自己一有病就找针灸大夫，见孙子的腿肿了，她就找来了给她扎针的那个大夫。那扎针大夫给宋祚民留下了特深的印象。只见他拿出针来，不用酒精消毒，而是在自己嘴边这么一抿就算消毒了。当时是冬天，还穿着棉裤，他拿着针隔着棉裤就扎进去了，扎了两针。可第二天腿肿得更厉害了，并且开始发烧，膝盖摔破的地方一直不封口，后来又化脓了，最后成了骨结核。宋祚民学医以后，曾想过：当时为什么会感染上结核呢？可能是那个扎针大夫所用的针，在给自己扎针前，扎过别的结核病人，因没有消毒，就使他感染上了结核；也可能是那个大夫自己就患有肺结核，用嘴抿针恰好将病菌弄到了针上。那次，他的腿病闹了好长时间，那个大夫听说后，急忙逃到亲戚家躲了起来。为给儿子治病，宋子铭又找了不少大夫，都没能看好，最后还是赵炳南的老师丁幼臣给治疗了一段时间以后，才逐渐好了起来。但是宋祚民的左腿膝部已经不能弯屈了，留下了终身的残疾。

几年后，母亲突然去世，使宋祚民心灵再次遭受创伤。母亲刚生完小孩两个月便腹泻不止，家人也没在意，以为是喝凉鸡汤所致，宋子铭也没给找大夫。当时宋祚民已有姐弟四人了，只靠父亲一人挣钱，家境已大不如前。看母亲的病越来越厉害，父亲不知听谁说大烟能止腹泻，就跑到街边的一个烟馆里买了个大烟泡，烧着大烟往母亲身上喷，因为母亲知道那是毒品，害怕上瘾不敢往嘴里吸。过了两天仍不见好，父亲才去请大夫看。大夫看后说：不要紧，就是吃的不合适闹的。开了点药，就走了。没想到吃过药后，不仅腹泻没止住，还出现了便血，宋子铭赶紧又去请那大夫。宋祚民虽然年纪小，看到母亲病在床上也十分着急，便跟着父亲一起去请大夫。大夫看了看说：不要紧，一般的肠炎。就又开了药。宋子铭看大夫很轻松的样子，心中松了一口气，宋祚民盼着母亲赶紧好，就抢着去给母亲抓药。药抓来后，又主动给母亲熬药。父亲看宋祚民个子小，火炉较高，怕出危险，还是自己熬了起来。宋祚民始终围在炉旁，盼着快点把药熬好，让母亲服下。父亲看在眼里，心里想：真是个孝顺的孩子，可惜腿有毛病，长大了，能干什么呢？宋祚民不知道父亲的心思，药熬好了，又争着端药给母亲，迈门槛时不小心，差点摔倒，药汤洒了许多。父亲赶紧把药碗接过去，母亲看着这一切，眼泪流了下来，用手摸着宋祚民的头，哽咽着说不出话来。药吃了一剂又一剂，病没见好，反而愈加严重了。母亲不仅便脓血，而且开始尿血，精神也愈来愈差，后来竟昏迷了。宋子铭一咬牙，请来了当地的一位名医。名医看了摇摇头说：不行了。这个病，本不是大病，但是给耽误了，如果一开始用对了药，是不会有生命危险的。

宋祚民家虽然离协和医院不远，但是，当时能够进入该院看病的基本都是达官显贵，像宋子铭这样在贫困线上挣扎的劳苦大众，怎能有钱去协和医院看病呢？一般都是小病养着，大病扛着，实在不行了就只好等死了。没过多久，眼睁睁地看着母亲离开人世，宋祚民哭得死去活来，很长时间都无法从悲痛中走出来。

因母亲的去世，又想到自己受伤的腿，宋祚民心中十分悲愤，独自暗想：庸医实在是害人，将来我一定要做一个良医，给穷苦人家治病。由此萌生了学医的念头。1939 年，宋祚民读完 10 年书，具备了初步的文化基础，把想学医的念头告诉了父亲，得到了父亲的支持。第二年，父亲给宋祚民报了名。通过考试，宋祚民进入北平国医学院学习。自此，宋祚民便立志认真学习，力求博览群书，精通医理，擅使医术，成为一个具有仁爱之心，又有岐黄济世之术的当代名医。

学艺艰辛　从师深造

北平国医学院是中国现代一所较完善的私立中医教学机构，创建于 1930 年，结束于 1944 年，历时 15 个春秋，共开设过 11 个班级，先后培养造就出内、外、妇、儿、针灸、正骨以及药学、按摩等各类中医药人才 700 多名，为继承和发展祖国传统医药学遗产，作出过十分有益的贡献。在以后的数十年间，该学院毕业生遍及全国各地，大多数人成为医坛骨干，有的还成为国内屈指可数的专家名流。这所国医学院是“四大名医”中的孔伯华与萧龙友两位先生倡议主办的。建院时孔伯华任院长，萧龙友任董事长。宋祚民有幸成为该院最后一班（第十一班，1940～1944年）毕业生，并且在学习期满时，与佟知箴、张以德、杨稚青一起在孔伯华生日那天给先生叩头拜师，正式成为孔伯华的弟子，开始跟随先生抄方、侍诊3年。孔伯华对宋祚民刻苦努力的学习看在眼里、喜在心头，曾专为他写下了“青囊可济”和“胆大心细、智圆行方”的条幅作为留念，由此可见宋祚民乃孔伯华的得意门生。

宋祚民在国医学院上学时，孔伯华在学院内不仅参加制订教学计划，安排教学内容，而且四处奔走，约请当时的著名中医大家来院任教讲课。曾在学院任过教的专家名医及其主讲的课有：瞿文楼主讲儿科，姚季英主授妇科和诊断学，曹仰洲专讲《黄帝内经》，安干青讲授《难经》，周吉人讲授《伤寒论》，孔仲华讲授《中国医学史》及古典文学，宗馨吾讲授《金匮要略》，张菊人讲授《温病学》，孟庆三则专讲药物，焦会元施教针灸。这些先生都是临床经验丰富、学识渊博的社会知名人士，所以授业无不游刃有余，加之学生们大都求知欲很强，故而学习成绩普遍良好。宋祚民在这样的环境中，更是刻苦学习、孜孜不倦，就像一块海绵一样全力吸收，恨不得长三个脑袋把几千年积累的中医理论全装进去。在当时，只有外地的学生能够住在学校，像宋祚民这样的本地学生，只能走读。

20 世纪 40 年代初期的北京被日本人占领，宋祚民家住安定门外，上学时骑一辆旧自行车。当时社会混乱，许多城门关得早，只有西直门晚上 9 点关闭。宋祚民上的学校虽在阜成门里，但下学晚了他就只得赶紧骑自行车奔西直门。出了西直门，就没有马路了，火车道旁边有一条窄窄的土道，晚上行人少，又没有路灯，瞧不见道儿。他骑行在那个小窄道上，心里特别害怕。路旁边的蒺藜狗子，常常把车胎扎破，他只好推着车走，有时到家已经夜里两点多了。

有一年冬天刮大风，放学已经8点了，他一想火车道旁边那条窄窄的土道，又黑又有蒺藜狗子，就不想从那儿走。那时护城河已经结了冰。他想，出了西直门，干脆走护城河。谁知有人为了逮鱼在河中间凿了一个又一个的大洞，天气寒冷，洞口表面冻了薄薄一层冰，风一刮，他眼睛睁不开，结果扑通一声，自行车前轱辘栽进冰洞里头。他被摔出老远，头撞在河沿上，一阵阵生疼。趴了一会儿，他缓过劲来了，就爬起来去拽车，不想脚底下滑，车没拽出来，人还险些掉进冰窟窿。等他想方设法把自行车拽上来，慢慢地走到家，已经夜里两点了。

国医学院没有食堂，学生们都得从家里带饭，夏天带个凉窝头什么的，到时候喝点开水，就着咸菜吃就行了。到了冬天就麻烦啦，窝头冻得冰凉，没地方烤没地方热。当时，锦什坊街口有个卖老豆腐的，宋祚民和几个师兄弟商量一下，就上外边去吃老豆腐。拿着自己的贴饼子，买一碗老豆腐，就算一顿午餐了。有时没有座位，就只好蹲在一边。要是赶上刮风，土刮得满天都是，落在碗里、饼子、窝头上，吹一吹接着吃，吹不掉的也就吃下去了。碰上下雨，就更麻烦了，小雨还好，躲一躲就过去了，下大雨，卖老豆腐的来不了，他们只能啃凉窝头。后来，每当宋祚民给徒弟们说起这段经历时，总是说：你们赶上好时候了，有宿舍，又有饭厅，真是造化呀！你们一定要好好学习，要知道珍惜。

当时虽然条件不好，但是大家都拼命学习。上学第一年，大家刚接触到古典医籍，非常生疏。孔伯华要求大家多念、多记，尤其是要背诵原文。宋祚民与裴学义坐同桌，宋祚民觉得一个人背书太枯燥了，就对裴学义说："咱们互相背吧。"于是，两人约定每人每天回家背三条，第二天一来到学校，就互相提问，互相补充背诵。别的同学见了，也要求参加，但人太多，效果不好，以后逐渐定型为两三个人组成一个背诵小组。即使是课间，大家也在背，背《内经》、《伤寒论》、《难经》等经典，理解的、不理解的都统统先背下来。这些经典，宋祚民到现在仍能出口成诵。他说："背诵时，对许多原文意思是什么并不理解、不明白，老师给你讲啊，有的时候也还是不完全清楚，但是等到临床一用，就明白啦，还特清楚。当时大家都比着背，今天背一条，明天背两条，天天记，天天背。那《伤寒论》一共不就有 360 条吗？一天一条，一年就背下来啦，到现在也忘不了。"

对中医理论除了背经典外，宋祚民还特别注意听老师讲课。当时大部分老师都没口音，瞿文楼老师讲课时，吐字特别清楚，也容易记住。比如说："太阳之为病，头痛项强而恶寒"，"强"字念"僵"，僵就是不能随意，不柔和；"恶"字念"误"，恶寒就是怕冷。这些条文，他们都一条一条地背下来，所以当老师讲到这里的时候，说：为什么强，什么是恶寒？中医中有取类比象，比如病了发烧怕冷，是“淅淅恶寒”，就像小鸟刚出壳时，羽毛没干呐，哆里哆嗦的，那样儿就是淅淅恶寒。这让学生们一下子就记住啦。那时候记忆力强、理解力差，但是理解力随着实践不断深入，尤其是一结合临床就逐步理解并可以应用。

宋祚民在学校学习刻苦，上完晚自习到家大多已经八九点钟了，他还要再读一会儿书才睡觉。那时没有电灯，家里点油灯，一个小盘子，里面倒上油，用棉花搓一条棉绳放在油里，浸透了以后，再从油里拉出一个捻点着。他每天就着油灯把老师讲过的课再看一遍，顺便把第二天的课预习一下。宋祚民的姐姐也就着这个小灯，做一些针线活，给弟弟们缝补衣服。自从母亲去世后，姐姐就承担起了家务，因为操劳太过，脸蜡黄蜡黄的。宋祚民在看书时，每一抬头看到姐姐的脸，就暗下决心：一定好好学习，帮助父亲、姐姐挑起家里这个大梁，让父亲、姐姐、家人都过上好日子。

宋祚民在国医学院听孔伯华先生讲课，毕业后又争取到继续跟师学习3年，后来独立工作了，但每遇疑难病症仍常去老师家求教，他对恩师的医德、医道、医理、医术耳闻目濡，对中医之道所悟日渐深刻。

孔伯华是一位医德高尚、医道深邃、医理渊博、医术精良的现代名医。他不仅临床经验丰富，而且医疗作风严谨，在辨识病证、因疾下药方面有独特建树，对温病学的研究更是高人一筹，为此深得社会各界推崇。他与萧龙友、汪逢春、施今墨同被誉为京城“四大名医”。孔伯华精通中医传统理论，并十分注重理论与实践的结合，他常教诲弟子们说：“观书者当观其意，慕贤者当慕其心。”（刘禹锡《辨迹论一首》）他反对唯古是好和泥古不化。他没有门户之见，常告诫弟子们要博采众长、唯贤是取，不可浅尝辄止。孔伯华非常推崇医家徐灵胎，并对徐氏辨证论治、灵活施药的科学理论，作了相当精辟的解释。他本人就是辨证施治的典范，经他诊治的患者，大多效果显著，甚至是药到病除。孔伯华对病人十分同情体贴，凡登门求治者，无论地位高低、财资厚薄、老叟黄童、轻病顽疾，他都精心调治，一丝不苟。尤其对家境贫寒的患者，非但不收诊费，有时还代付药资。中华人民共和国成立前，经孔伯华治愈的患者中，既有达官贵人，也不乏贩夫走卒；中华人民共和国成立后，在孔伯华先生诊治的患者中，有中央首长，但更多的则是普通百姓。

宋祚民把老师的医德、医风点点滴滴都记在心里，并以之为榜样。他经常说："寡取易盈，好逞易穷，驽钝之材也。"（岳飞《良马对》）意思是说，刚学到一点本领就满足，刚能辨认疾病就逞强，这是最没有出息的人的行为。宋祚民为人淳朴、正直，学习努力、认真，得到恩师孔伯华关注与垂爱。孔伯华将宋祚民收留在他的医寓诊所里实习抄方。宋祚民十分珍惜这一侍案深造的机会，对恩师的耳提面命，随时记下。回家后，反复体会、揣摩，遇有不明之处，记在一旁，得机会再向恩师求教，恩师总是耐心解答。恩师对他的教诲，他永志不忘，并常常向后人提起。

初试锋芒　悬壶应诊

1945年，宋祚民还在孔伯华医所实习抄方时，他妻子的一位亲戚突患脑炎，托人捎来口信，欲请宋祚民出诊。他到患者家时，患者病势垂危，已经穿好寿衣，停放榻上。家人说已经昏迷三日，水米不进。宋祚民观察后发现：患者面色如土，双目紧闭，脉搏极其微弱，呼吸时断时续，用手指掐按人中穴，毫无知觉，呼叫也无反应。这病确实危重，从哪里入手呢？宋祚民想起，有一次随孔伯华到某医院病房会诊，一位患者也患脑炎，不省人事数日，二便失禁，双目对光反射全无。由于病人昏迷，不但无法服药，对针刺也全然麻木。孔伯华决定用新鲜西瓜汁化溶安宫牛黄丸给患者灌入，以芳香开窍、清热解毒。药灌入后病人果然微睁双眼，开始清醒了。接着孔伯华又用生石膏、鲜九节菖蒲根、金银花、连翘等数十味中草药调配治疗。几天后患者竟起死回生，病愈出院，上班工作了，而且未留下任何后遗症。想到此，宋祚民精神一振，便试着用老师的那个方法给病人调治。这位亲戚果然也奇迹般地痊愈了，未留任何后遗症。宋祚民的这次初试锋芒被患者的街坊邻居交口称赞，都说："名师出高徒，不愧是四大名医孔伯华的传人!"于是不断有人上门求医。日久天长，宋祚民也逐渐摸索出了一些诊病和治病的经验。但遇有繁复或少见的疑难病，他还不敢应治，每每都得求教于恩师，而恩师始终有求必应，向他传经授道。这为宋祚民日后独立悬壶应诊，打下了坚实的基础。

1946年，宋祚民参加北平考试院举行的特种中医师考试，取得了合格证书，从此有了正式行医资格，走上了独立行医的道路。

宋祚民自幼养成了吃苦耐劳的习惯，所以开业行医后，每天走家串户，风尘仆仆，他并不觉得苦。再加上此前时常看到恩师扶危济困的义举，受此影响，他感到为贫苦患者送医上门，不但应该，而且自然，有时遇上十分清贫的患者，就免收诊费或倒贴些药资。在一个隆冬腊月的深夜，北郊索家坟有位急性腹痛吐泻的患者虚脱昏迷，病势危急，上大医院看病没有钱，交通又不方便，其家属匆匆跑来敲门求医。宋祚民一听，立即相随而去。天黑风大，道路凹凸不平，许多地段无法骑车，中间还有一段地雷区，他们便时而骑行，时而步行，绕过地雷区，又越过两道冰河，才到了患者家。经过诊视、救治，这位急病患者终于转危为安。宋祚民后来向学生们说起这件事时，深有感触，自认为当时不过是凭着良心行医罢了；真正树立起为人民服务的思想，明确治病救人、救死扶伤的观念，则是在中华人民共和国成立以后。党和人民政府不断组织开业医生学习，自己才逐渐提高了觉悟。

1949年的八九月间，为了准备迎接中华人民共和国成立，解放军某师军乐队的号手们住进宋祚民家的南屋。解放军纪律严明，每天打扫院子、担水，给宋祚民留下了很好的印象。一天夜里，宋祚民发现，有位小战士不睡觉，在院里来回转圈不停地走动，开始还以为他在巡逻，见他又没带枪，还用手托着脸不停地深吸气。等到天亮，宋祚民便问一位姓袁的号长，才知道那个小战士因为牙疼，睡不着。宋祚民一听，便毛遂自荐说："我是中医大夫，用针灸给他治一治。"号长听了很高兴，就把那战士带到了宋祚民住的北屋。宋祚民给他扎了合谷、颊车等穴，针后小战士立刻就不疼了。第二天又针了一次，小战士腮肿也消了，很快就参加了号队的训练。

此后，周围的新住户们都知道这里有一个宋大夫，医术特别好。连十四区区政府和北郊公安分局的人员，上至局长和他们的家属，下至关押的犯人，有病都找宋祚民看。公安分局的安柄荣股长，每月给宋祚民开一个条子，上写小米若干斤，后来又改写白面两袋，按当时的市场价折合成现金，当做看病的报酬。

1950 年和 1951 年，北郊农村流行的各种传染病较多，尤其在冬季，小儿麻疹合并肺炎的发病率非常高。这种病现在看来不算什么大病，但在当时死亡率很高，对儿童健康威胁甚大。宋祚民参加了政府组织的医疗小组，每天去巡诊送医上门，晚上回来还参加政府组织的政治学习和业务学习。他通过巡诊送医，比较准确地摸索到一些预防和治疗小儿麻疹合并肺炎的规律。他不分上下班，也没有节假日，每天顶风冒雪地奔走于患者家中，因此受到患者及家人们的赞誉，也得到了政府有关部门的肯定，被北郊十四区政府指定为卫生委员会委员，后来还保送他参加了卫生部主办的中医进修班和西医预防医学班的学习。这两次学习使他的中医知识更加丰富，并且还学习了一些西医的理论与诊治技术，掌握了一些西医诊断手段。学习结束后，宋祚民被聘任为北郊区公安分局嘱托医生。

创办诊所　贡献巨大

在宋祚民多半生的经历中，有一段特殊的经历鲜为人知。20 世纪 50 年代初，他积极响应国家的号召，率先创办了德胜门联合诊所，成为北京中医行业的楷模。当时，政府开始对个体开业的医务人员进行集体化的改造，许多个体行医者都在观望、等待，尤其是一些拥有较多病人的大夫，大多采取不闻不问的策略。而宋祚民在当地已经小有名气，病人也比较多。他与政府的工作人员接触较多，更由于政府保送他参加了卫生部医学班的学习，提高了对共产党的认识，党现在号召个体开业的医务人员走集体化的道路，他一定要积极响应。他马上跟与自己关系比较好的吴振国大夫商量，两人一拍即合，又联合了佟知箴、曲溥泉、李全民和西医魏大夫，开始找地方、订规章制度，不几日就组织成立了德胜门联合诊所。这是北京最早的四个联合诊所之一，宋祚民被推选为所长。

开办联合诊所，大家积极性非常高。没地方，就在德胜门外道边租了两间小门脸房；没器具，就利用自己家里的诊桌，甚至吃饭用的大铝锅，都拿来当消毒锅用了，有的甚至把家里的水壶、炉子都搬到诊所，吴振国还把家里的中药架子、药斗子拉来了。宋祚民从家里拿的东西最多，只要是联合诊所需要而家里又有的，他统统贡献出来。国家没给一分钱，也没有任何资助，诊所就这样开业了。

联合诊所的工作都包括哪些内容？由于是初创时期，大家都说不出个一二三来，于是就边摸索边干。每天除了在诊所给病人看病以外，还给本地段的老百姓做些预防免疫工作，比如种牛痘等。有些病人病情比较重，或出门不方便，请人来说一声，宋祚民等大夫就抽时间去上门出诊。渐渐地宋祚民明白了联合诊所就是要大家联合起来，起到一个基层医院的作用，解决附近一些百姓和工作人员的医疗问题。因为一个人的医疗技术水平和能力是有限的，他可能擅长于治疗这类疾病，但对另一类疾病的治疗就不太有把握，所以要把大家联合起来，互相取长补短，这样既可以解决患者的病痛，大夫们又能够互相促进，共同提高。

宋祚民联合诊所里的大夫看病技术好，对病人认真负责，使他们的信誉不断提高，附近国家机关的工作人员，比如警察、干部等，也都到联合诊所来看病。因为当时没有那么多医院，到了20世纪50年代中期，才成立了中医医院。在这以前，联合诊所服务模式比较符合当时的社会需求。中央政府和北京市政府对联合诊所的工作非常重视，当时的北京市市长彭真等领导曾亲自到宋祚民的德胜门联合诊所来视察。卫生部还请了两位苏联的医学专家来参观，宋祚民把联合诊所的创办及工作情况向他们介绍后，苏联专家发出真诚的赞扬，说这个办法有利于发展医疗事业，应该推广。报纸、电台一宣传，全国各地卫生部门的人都到德胜门联合诊所来参观，天津的、山西的、上海的、黑龙江的……来看联合诊所是怎么白手起家，又是怎么安排医疗及预防的。回去后他们也都办起了联合诊所。

那阵子宋祚民忙得不可开交，一忙就容易出错。一次他为一个孩子种牛痘，别人在旁边说话，小孩一闪，针没扎在小孩的胳膊上，一下子扎到自己手上了。宋祚民手上至今仍留着一个疤痕。经过这件事，宋祚民想：这可不成，开联合诊所是为了给患者解决病痛，这一批一批的参观者太影响工作了。于是就谢绝了一些参观，其后工作才逐渐踏实下来。

德胜门联合诊所医疗工作做得好，地段预防保健工作也做得不错，来求诊的患者很多，所以大夫们常常忙得顾不上吃饭。那时候值班不分昼夜，24 小时都看病，没有 8 小时坐班的概念。不管白天晚上，只要有患者来找，开门就请到里边看病；需要出诊，医生抬腿就走。最累的就是出诊。有一次轮到宋祚民出诊，一上午骑着自行车跑了几十名患者家，看了这家看那家，忙得连吃饭的时间都没有，回到诊所，他一屁股坐在椅子上就睡着了。当时麻疹流行，一家人往往老大出完了麻疹，老二跟着出，老三又接着，一个不落。所以看完这个，你以后还得来，连着看，每次去出诊，常常要很晚才能回来。

当时人们都怕得麻疹，因为这病的死亡率很高，尤其是麻疹合并肺炎、脑炎，治疗不及时、出疹不畅，疹子一憋回去，很快就会死亡。

大夫们不出诊时，经常坐在一起研究如何治疗这个病。大家集思广益，把治疗方案反复修改，又不断总结经验与教训，所以治疗的效果越来越好，很受患者的欢迎。许多人病好了以后，就送来锦旗挂在墙上。他们还写了许多封表扬信。上级医疗管理部门收到表扬信后很重视，常常派人来巡视，了解德胜门诊所的工作情况，并决定：树立德胜门联合诊所为先进典型。

1956 年，首都举行庆祝社会主义改造胜利大会，德胜门联合诊所所长宋祚民作为先进代表被特别邀请，登上天安门观礼台。

古人经验　继承创新

《内经》云："有诸内必形诸外。"所以在望闻问切四诊中非常重视望诊。《内经》还云："凡治病，察其形气色泽，脉之盛衰，病之新故，乃治之，无后其时。""赤色出两颧，大如拇指者，病虽小愈，必卒死。""黑色出于庭，大如拇指，必不病而卒死。"《内经》是2000多年前古代医家经验之集大成者，对疾病的发生发展、病因病理及诊断、治疗、预后，都有着极其准确的记述。从上述的几段文字可以看出，古代医家对望神色形态是十分注重的，在今天，是不是仍然能够一言中的呢？

1956年，宋祚民在积水潭医院儿科病房工作，当时麻疹肺炎流行，医生对麻疹未出而高烧不退者，多用辛凉透疹法，疹出透后，肺部的细密啰音即消失，病情亦好转。如疹已出，仍然高烧不退者，经用清热解毒合清热养阴法，疹出齐而热退，肺部炎症易吸收。尚有并发肺炎、腮腺炎、肾炎的头面全身浮肿，经用普济消毒饮加减，服后头面肿消、疹点外透、浮肿见消、腹背疹点满布，及至下肢肿消、疹齐，肺炎、腮腺炎、肾炎亦愈。但有一个患儿情况就有所不同。此患儿为 3 岁男孩，系因麻疹肺炎入院。宋祚民上午查房时，见其咳喘不剧，身烧，体温 38.6℃，但精神较弱，两颧发赤，大如拇指，边界清楚。宋祚民见此情景，不由得想起自己在上学时，一次讲《内经》课，老师特别着重讲解《内经》中“赤色出两颧，大如拇指者，病虽小愈，必卒死”的经文，反复强调这是患者病情不好的先兆症状。于是他急忙去找病房主任，委婉地问：您看那个小病孩病情是不是不好？病房主任到病房检查患儿心肺后，问：你怎么看？宋祚民说，患儿两颧发赤，《内经》上说可能会猝死。病房主任听后说：哦，我看只是循环不好而已。至下午二时许，护士突然呼叫医生看患儿，当宋祚民与病房主任赶到病床前，只见患儿张嘴深呼吸几口后，头即向右侧倾斜，呼吸心跳停止，虽经全力抢救，终因呼吸循环衰竭而死亡。此病例给宋祚民留下深刻印象，他内心十分钦佩古代医家对疾病预后判断的准确性。

20世纪60年代初，宋祚民带领西医学习中医第一班实习。一天上午开诊不久，在看完第一个病人后，一个坐在候诊椅上年龄约50岁的男患者，突然急惶惶走进诊室，其神色紧张，面色褐暗，两颧紫赤，扑向诊桌说："我心中好难受！"随即用头压两手肘伏于桌前。宋祚民马上按其脉，脉象消失，心脏停止跳动。他让实习医生抬起患者放在床上，进行心脏按压及人工呼吸，终因抢救无效而死亡。他发现此患者两颧紫赤如拇指大小，遂结合上次的案例，给实习医生讲解了《内经》中关于“赤色出两颧”的论述，以及自己的体会，并告诉他们，在今后的临床工作中，对这类患者尤其要引起注意。

1977年，宋祚民在医院值班时，又遇到这样一例。一个15岁的男孩，身体瘦弱，瘦骨嶙峋，性情孤僻，其父母感情不和，他也不喜欢与同学交往。一天他放学回家，自觉胸闷憋气，晚饭后便和衣而卧，至深夜自觉呼吸困难，由其父送来急诊。宋祚民接诊后，见其面色苍黄，头汗淋漓，两颧红赤大如拇指，心中咯噔一下，心想：此征兆不好。诊其脉：细促结代。又查心电图：心律不齐，伴室上早搏，Q波短小。宋祚民认为，脉细促结代为心气心阴欲脱之象，急予独参汤，徐徐频饮。患者服后胸闷憋气见缓，头汗减少，神情稍安，症状缓解。本应住院治疗，因无床只能暂时回家服药。宋祚民不放心此患者，反复叮咛其父，要密切注意孩子的病情变化。患者回家后，病情日见好转。宋祚民听说后，想：看来病虽见“赤色出两颧”，但只要治疗及时，也未必猝死。谁知这个孩子后来因期末考试，复习繁忙，复觉胸闷气短，时时太息，其父为他换方取药一次。后听其父说，考完试后，孩子仍时时太息，夜寐说梦话。一日夜梦中突然大声疾呼“唉呦、唉呦”两声，其父以为他又说梦话，未予理会。第二天早上，未见孩子起床，遂到床前去叫。见其俯卧，头顶床枕，紧握双拳，指甲青紫，四肢发凉，牙咬口唇，呼吸早已停止，未及救治。宋祚民听说后，心中很不是滋味，于是开始查找相关资料，并仔细分析此患儿的病情变化及用药好转等方面的细节，以及以前那几个病例的情况，他认为，此病虽疑难，但也未必就不能救治。

1999 年 10 月，11 岁的李姓男孩来到北京中医医院请宋祚民诊病。家长诉：孩子前两天发高烧，现仍有低热，口干渴，无汗，胸闷憋气，心烦，周身酸痛，面红，两颧部位更加明显，大如拇指，与周围皮肤界限分明。舌绛红苔白，少津液，脉沉细结代。宋祚民看其有两颧红赤，十分重视，反复认真地听诊心脏：心率120次/分钟，早搏7次/分钟，有二联律、三联律、四联律，心尖部可闻分裂音。急查心电图，心律不齐，电轴左偏，P—R间期缩短，V4、V5、ST段下移30.05mm。患儿昨日在外院查心肌酶CPK 316U/L、LDH 198U/L、GOT 24.3U/L，被诊断为急性心肌炎。因不愿住院，来找宋祚民诊治。宋祚民分析后认为，此患儿虽有两颧红赤大如拇指，但属中医的外感时邪，热入心营。当即给他服用辛凉疏达、清营宁心的中药：鲜芦根、鲜茅根、菊花、板蓝根、金银花、连翘、金银藤、玄参、丹参、北沙参、麦冬、五味子、丹皮、生地黄、莲子心、薤白等。并嘱家长，给小儿服药，每日1剂，少量多次，频频予之。

密切观察孩子的病情变化，视病情发展及时就诊。

患儿共服药 14 剂。当服到第 4 剂时，面色已正常，两颧红赤消失，心慌气短乏力等症状明显减轻。又服药 10 剂，原有症状全部消失，心率 76 次/分钟。心电图显示：窦性心率，电轴左偏，心肌酶正常。宋祚民不放心，时不时就打电话问一下，追访一年多，小儿一切正常。

经历了这几个病例，宋祚民认为：如今医学正在飞速发展，各种诊断技术层出不穷，已经大不同于古代。对于“赤色出两颧，大如拇指者”，只要治疗及时，还是可以不死的。《内经》说：“赤色为心所主，赤色为热。”也就是说，赤色与心脏之间存在着一定的联系，最后这个病例充分证明了这一点。通过这一病例的各项现代化检查，可以充分地证明，“赤色出两颧，大如拇指”的症状与急性心肌炎之间存在着密切联系。因此，当患者有“赤色出两颧，大如拇指”的症状时，应当注意密切监护，如出现病情变化，就要及时抢救，方可能挽救患者的生命。

《内经》中除有“赤色出两颧，大如拇指者，病虽小愈，必卒死”的记载以外，还有“黑色出于庭，大如拇指，必不病而卒死”的记述。宋祚民在临床中曾遇到过这样一例。

2000 年 6 月的一天上午，宋祚民正在出门诊。一位约 30 来岁的男性患者因腹胀、浮肿、呃逆、干呕不思食等，经人介绍来向他求治。该患者自 1995 年 5 月曾因呕吐、不能食住院。经化验，其肝功能不正常，澳抗阳性，被诊为乙型肝炎。经用核糖核酸、肝炎灵治疗 3 个月，肝功能正常而出院。1996 年 11 月复出现不能食、呕吐等症而住院，经查肝功能不正常，肝炎复发。又治疗一月余，肝功未正常即带药回家，宋祚民细问近况，患者两天前高烧 40℃，经用西药已退，现自觉脘腹胀满，下肢浮肿，时觉两肋胀窜作痛，忽左忽右移动，左侧为甚，时时呃逆不能自控，干呕不思食，大便一日1～2次，尿少黄赤灼痛，双目干涩，视物模糊，日落黄昏后加重。宋祚民看患者削瘦病容，面色褐暗失泽，天庭部呈现大如拇指的黑色瘀斑，其界限清楚，用手压之，未见褪色，唇亦暗紫，但爪甲发白，舌尖边红，苔薄黄，舌体略胖大，两寸脉大、关尺脉沉弱。患者胃脘部高凸，腹大如瓮，有蜘蛛痣，肝掌，量腹围93cm，腹部青筋暴露，按之疼痛，少腹胀满，双下肢浮肿凹陷没指，有散在紫癜。

宋祚民看后认为，此患者病在肝肾两脏，脏真受损，中焦壅阻，升降失调，脉道不利。天庭部出现的大如拇指的黑色瘀斑，按照《内经》所说，预示着该患者病情严重，预后不良。他经过反复考虑，再三斟酌，决定先治标除邪，疏肝理气，软坚散结，化瘀通络，消胀行水。因其病源在肝，而肝以疏达为本，所以疏肝理气，调其中焦壅胀，以使升降之机畅行。等患者的病情有所缓解，再软坚化结，和胃降逆止呕，理气消胀。他选用生牡蛎、鳖甲先煎，旋覆花包煎，汉三七粉冲服，再选王不留行、柴胡、川楝子、延胡索、地肤子、大腹皮、路路通、泽兰叶、代赭石、竹茹、佛手、苏叶、黄连等，以水煎服，再加西黄丸与汤剂同服，另取竹茹煎汤代水饮。

服药后第二天，患者已不呃逆，服 7 剂后思食知饥，大便日行五六次，泻后自觉舒畅，腹胀见消，腹围减至 88cm，尿仍少，两肋左右窜痛减轻，时有肠鸣辘辘，黄昏视盲减少。宋祚民看其面色已显光泽，天庭黑色已褪，但仍可见隐隐的大如拇指的边缘痕迹，腿仍肿，症情见缓。再拟理气消胀利尿之法。患者服药后面显黄色略有光泽（已不黑晦），天庭黑色大如拇指隐边皆褪，前额黄略鲜明。精神见好，脘腹已不高凸。平卧可见胸骨剑突。肋略有窜痛，脘腹胀满自觉见轻，腹围87cm，纳食见增，日进三餐，食后不觉撑胀。大便每日三四次，成形。腿仍肿，但凹已不没指。

宋祚民认为，此乃邪气渐退的征兆，此时应该乘胜追击，扶正祛邪，进而健脾益气、化瘀利水，以期取得全效。调整中药，以水煎服。服药一月后，肝功能正常，原有症状全部消失。此患者的治愈，让宋祚民十分高兴，吩咐弟子几次去追访，看看此病人身体情况如何，并叮嘱：一旦出现不适症状，及时就诊。

宋祚民总结这个病例，对弟子们讲学时，说道：如按医理，此病例有呃逆不能食、胃气绝之征，黄昏视盲有阴气绝之象，结合《内经》的“黑色出于天庭，大如拇指，必不病而卒死”之论，则症确属危候，尤其按现时诊其肝缩小、血脉不畅、瘀阻，致使门静脉高压，随时有大出血可能，如救治不及时，将导致气随血脱而殁。故黑色出于天庭，乃水乘火位、生气将熄之兆，证情危重。济生之心，人皆有之，挽于万一。故以软坚化结行瘀，兼和胃降逆止呕、理气消胀为治疗大法。患者服药后，症情好转，呃逆已止，思进饮食，胃中生机已动，清气渐升。大便泻而后畅，浊邪下降，中焦脾胃运转。血脉见顺而不上涌，知其出血现已稍安。阴气未竭，黄昏可视，乃邪去而正未衰败。因之再拟理气消胀利尿之法。再服后，面略有光泽，天庭黑色大如拇指隐边皆褪，诸症皆减，改以扶正祛邪、健脾理气消胀、化瘀通达利水，使其肝功能恢复，故收效。宋祚民认为，此病人所患无论蛊胀，还是黑色出于天庭，大如拇指，皆为古之绝症，九死一生。所幸他遇到病人后认证准确，用药果断、及时，所以能将病人从黄泉路上抢救回来。因此，即使是“黑色出于庭”的病人，只要抢救、治疗及时得法，也未必都会猝死。

现在的中医临床实践中，望诊没有得到应

有的重视。宋祚民认为，现在许多人过多地依赖问诊及现代诊断仪器，而古人在没有现代诊断仪器的情况下，能准确地诊断出心脏疾病，并对其预后做出“必卒死”的判断，令人赞叹。

治疑难病　救死济危

宋祚民名气愈来愈大，尤其是1958年来到北京中医进修学校后，讲课深入浅出、通俗易懂，带教时结合病例讲解，深受学员的欢迎。其中有一部分学员是各大医院的西学中医生，他们在回到各自单位后，一遇到疑难病症，就想起宋老师。所以，宋祚民经常被邀去外院或外地参加会诊及疑难病案讨论。这些会诊和讨论，大都针对疑难病症、顽症或危急病症，通过实例解决问题，这种做法在当时十分流行。

1961年，北京儿童医院初建中医科。当时宋祚民正在北京中医进修学校任教，他带领本校西医学习中医班的学员到儿童医院实习。正赶上有一个两岁小孩，因腹泻住院，但入院后昼夜啼哭，尤其到夜晚哭得更加厉害。她一哭影响全病室内其他的患儿都不能入睡，并哭成一片，甚至影响到隔室病儿休息，护士长对此十分苦恼。医生给她服用安眠药鲁米那，开始给小剂量 0.01g 她即能入睡，后来服完药后亦哭闹不睡，于是逐渐增加至 0.03g，最后加到成人量 0.06g，小儿闭目片刻后，仍然啼号不止，影响其他患儿睡眠。当时医院的医护人员十分着急，但又束手无策。他们听说有中医学校老师在此带教，就请宋祚民看看能否运用中药为其治疗。宋祚民查看病儿，见其消瘦，精神萎靡，烦啼不眠，干号无泪，口干唇裂，舌质鲜红少津，尿黄量少，指纹淡红，脉细且数，是因为久泻津液耗伤，故出现虚烦不寐。宋祚民认为属少阴病，得之二三日以上，心中烦不得卧，应给黄连阿胶汤治疗。于是让学生写方：黄连二钱，黄芩二钱，芍药二钱，鸡子黄二枚，阿胶三钱，一剂，水煎，嘱予患儿徐徐服之。

第二天早晨，宋祚民去查房，将走入病房时，护士长神色焦急地说："您赶快去看看服药的那个患儿，是不是中毒了？怎么昏迷不醒？叫她也不应，摇她也不醒！"宋祚民急忙到患儿床前查看，听其呼吸平稳，脉已不数，入睡正酣。此为心阴得养，心神得安之佳象。因其阴液已耗，心神失守，干号不眠，煎熬时久，故出此象。当时告知护士长，不必打扰她，等她休息过后给予稀粥调养胃气即可。该患儿睡醒后，即要求吃食物，食粥后情绪安定，未再啼哭，愈后出院。该西学中班的高益民同学将此病例写成文章，发表于某医学刊物。

1962年，宋祚民应邀去天坛医院会诊。患者是一名刚满6岁的吴姓女孩。家长述，清晨5点左右，发现孩子突然昏迷，接着出现喷射性呕吐，双目紧闭，嘴唇青紫。8时许送到医院，患者在路上已停止了呼吸。急救室赶忙进行抢救，11 时左右患儿浑身皮肤发青，脉搏微弱。经脊髓化验确诊为乙型脑炎合并脑疝。当时医院能使用的抢治手段，全都使上了，仍未能使患儿脱险。家长见状，痛哭失声，医生对此也叹无良策。

宋祚民查看病情之后，觉得患者似乎还有抢救过来的可能。中医认为，“多病无元身，久病无元气”，元气乃生命之本。这个小患者既非“多病”又非“久病”，加上童稚之年生机盎然，元气未失便有可能促其生机。目前的状况只是脑功能障碍所致。中医学上称脑为“髓海”，脑对全身神经系统有主导作用。这位小患者的呼吸停止与昏迷，都是“髓海”功能失灵所致，要想使之复苏必须直接作用其髓海。给药已无可能，针刺或可收到立竿见影之效果。宋祚民想起人体后面主管心动和呼吸的中枢穴位“脑户穴”，是督脉上的一个穴位，在后脑、后发际正中直上 2.5 寸，历来被医家视为禁区，不可擅动，如果必须针刺则只能平刺 0.5～0.8 寸。但是眼下患者已“停止呼吸”数小时，不能安常守故了，应具体情况具体对待。于是宋祚民在征得家长同意后，大胆地从患儿脑户穴进针，针深至 1 寸时，患儿突然深呼吸了一下，接着又捻针连续刺激。行针一分钟后患者呼吸了两次，继续捻针，并上下反复刺激，患儿呼吸逐渐恢复，1 分钟由两次增加到 4 次、6 次……心动也开始加强加快，1 分钟由 1 次增加到 5 次、10 次，直到正常。此时，小女孩神志虽略有清醒，但双眼仍然微闭，基本处于昏迷状态。

宋祚民接着采用中药治疗，方中有九节菖蒲、川郁金、藿香、佩兰等十余味中药，还加用局方至宝丹同服，后来又不断变换剂量，患儿终于由昏迷转为清醒，病愈出院后未留任何后遗症。第二年上学念书，其智力与一般儿童无异。家长对此感叹不已，特意给宋祚民送来一面锦旗，以表示感谢。

20 世纪 60 年代末期，原中苏友好医院（今北京友谊医院）的西医儿科专家祝寿河院长到北京中医医院门诊进行中医临床实习，宋祚民在带教时遇到这样一例病例。当时正逢夏季，患腹泻的小儿较多。那时有一名 5 岁男孩由其父亲用双手托抱着匆匆忙忙地进入诊室来到宋祚民诊桌前说："大夫，您赶紧给看看吧，这孩子已经不行了！拉了 3 天稀，不吃不喝已经 5 天了，总是昏睡。"宋祚民当即查看患儿，见其脑袋向后耷拉着，两腿弯着向下垂，大腿内侧肌肉松弛，面色发黄，双眼紧闭，神志不清，四肢发凉，两太阳穴塌陷，腹如舟状，严重脱水，病情较为危重。当时祝寿河在旁见宋祚民要给患儿开药方，就很着急地说："老师，是不是应该赶紧给他输液？他电解质已经紊乱了，十分危险！"宋祚民又看了看患儿，说："服用中药完全可以解决，就用我常用的止泻散。"让患儿家长赶紧去取药，并嘱其回家服中药后，只需给患儿多喝白米汤，不要进食别的食物。白米汤既当食物又当饮水来补充营养和体液。如24小时后大便不泻稀水，形成稀稠样便，尿见多了，就可以徐徐加米粥吃，暂不能吃荤腥鱼肉之物。这样可以生发胃气，生津养液，分清泌浊，让消化功能健运，使体液得以恢复。

3天后，家长带患儿来复诊，其腹泻已止，小便较前增多并能吃米粥及面片汤。祝寿河十分惊诧，连连叹服："怎么没给输液就好得这么快啊！"病人走后他立即用手掀起裤腿让宋祚民看，并问："这病您能治吗？"见他腿胫外侧有一条长约2寸的紫红色瘢痕，凸起于皮肤表面，宋祚民说："能治。"当即给他开了赵炳南创制的黑色拔膏棍5支，让他把药棍烤软后贴于瘢痕上，一天换一次药。结果他连续贴用了3支拔膏棍后腿上的瘢痕变平了。祝寿河非常高兴，对中医学产生了极大的兴趣，也加深了对中医的认识。祝寿河是研究肾病微循环的专家，请教什么中药可以降血脂并促进微循环的改善，宋祚民说生山楂可以化瘀滞、降血脂，让血液循行流动通畅。祝寿河使用后效果非常好，后来他在作学术报告时，特别提出中药生山楂可以起到促进微循环改善的作用。

1985年，北医三院收治一患儿王某，他出生刚50天，体重只有2kg，患小儿肺炎并发霉菌性肠炎，经多方抢救仍奄奄一息。宋祚民去会诊时，患儿在暖箱内输氧输液，骨瘦如柴，面黄如纸。医院和家长都认为治愈希望不大。宋祚民看后也确感棘手，因为患儿太小，病势太重，于是提出先调养脾胃，固气止泻，保住后天之本。经过几次中药灌服，终于使小儿痊愈出院。这件事曾在医院内外引起轰动。

1988年初，患儿牟某随家长来诊，家长诉：患儿每天抽搐、傻笑、两眼发直，语言严重障碍，两手毫无握力，吃饭不知饱，经一家市属医院脑神经科诊断为婴儿痉挛症，CT检查确定为脑萎缩。此病当今国内外尚无良好方法治疗，只能用些镇静药物。宋祚民接诊时，这位小患者不会站立，不会说话，双目呆视，手指冰冷。经慎重思考后，宋祚民认为，此病应先镇肝息风、醒脑安神，佐以芳香通络，然后再养血行瘀。所以用生石决明、白蒺藜、钩藤、僵蚕、生鳖甲、鸡血藤等10多味中草药调治。服药几次后，患者抽风次数减少，继而抽风停止；再继续服药一个月后，能自己拿东西和短时间站立；再经过一段时间治疗，他开始能迈步走路，并咿呀学语；而后不但会叫爸爸、妈妈，而且脑电图检查结果也表明，其脑功能已恢复近于正常。此症中外医学界都无良方医治，能有此效果可算是奇迹了。

运用中医理法方药治疗现代疑难病，是中医药发展的一个重要课题，在多年临床实践过程中，宋祚民总结出一套完整的中医论治思路，如巨细胞病毒性脑病（每晚抽风，视力障碍），治以柔肝息风，开窍除痰；帕金森病（全身颤抖激烈，饮食困难），治以填补真阴，潜阳柔肝，镇肝息风，从痿躄论治；病毒性脑炎后遗症（神志不清，情绪激动，失眠烦躁），治以利清窍开痰浊，通脑络化瘀滞。

重视脾胃　调养气血

宋祚民在中医界兢兢业业、踏踏实实，埋头苦干，对技术精益求精，努力开拓治疗疾病新途径、新方法，尽全力解决病人的痛苦，创制了一些新的方剂，如生血糖浆、止泻散、悦脾散等。在理论上，他提出重视脾胃，治疗疾病要多从脾胃入手，老人、小儿尤其如此。

中医理论认为：脾胃为后天之本，小儿处于生长发育时期，五脏六腑皆有赖于脾胃之滋润濡养，故脾胃对于小儿尤为重要。脾胃的生理功能、病理变化古人多有论述，以李东垣、张景岳的论说最为精辟，后人多宗其说。宋祚民推崇李、张之说，继承孔伯华老师衣钵，在临床中时时注意保护小儿脾胃，不仅注意保护小儿脾胃之阳气，亦重视脾胃之阴。小儿脏腑柔弱，为稚阴稚阳之体，其气血尚不充盛，依赖脾胃运化而生长发育。在病中更须依赖中气旺盛，抵御邪气，以图康复。因此宋祚民在治疗中，尤其是热病后期，常着重调理脾胃的升降功能，从脾胃入手，调理后天，荣养脏腑，补充先天，扶正祛邪，转化枢机，使病体复原。

宋祚民认为，脾胃位于中焦，升清降浊，共主饮食物的腐熟、泌别清浊，并将其水谷精微输布营养全身。因此，体内脏器、筋骨、关节、经络皆有赖于脾胃水谷精微的运化、润养，所以说脾胃功能的强弱可以决定身体的强弱，也可以决定疾病是否能够迅速痊愈。

脾宜健、胃宜和，治疗时不可大补，也不可大泻，脾胃适宜调理，这又是宋祚民治疗脾胃病之经验。宋祚民曾言：脾胃互为表里，在五行中属土，土为生物之本，其不燥不湿，不冷不热，方能生化万物。但脾为阴土，喜燥恶湿。胃为阳土，喜润恶燥。湿土宜燥，燥土宜湿，因此，脾健胃和，则二气平和，阴阳相调，燥湿既济，升降得宜，中焦健运，无疾体健。故宋祚民总结前半生的临床经验，创制“悦脾汤”这一调脾方剂。悦脾汤在临床运用时常因人因时而异，加减治疗多种脾胃疾患，效果极佳。其门徒李建将悦脾汤总结归纳为《悦脾汤临床应用十法》一文。文章写好后，几家大的医学杂志的编辑听说是宋祚民的经验，纷纷表示希望能交给他们发表。宋祚民了解到《中级医刊》是面向广大基层医务人员的杂志，读者十分渴望得到上级医师的学术指导，就让李建把文章交给《中级医刊》登载，并指导李建等人撰写了中医常见病讲座20余讲，交给《中级医刊》刊用。正如他希望的，许多同道及基层医务人员来信来电咨询应用悦脾汤的细节，并将他的经验应用于临床，均收到较好的效果。

悦脾汤的基本方为：藿香、苏梗、竹茹、佛手、焦三仙、天花粉、乌梅、砂仁。其功用为：调脾和胃，升清降浊。主治脾胃失调之厌食、呕吐、腹痛、腹胀、腹泻、便秘等。此外，悦脾汤还可以治疗夜啼、汗证、鼻衄、紫癜，用于感冒后的调理等。悦脾汤中无大补大泻、大辛大热、大苦大寒之品，多为芳香平和之剂，调理中焦，协调升降，在运化中，让阴阳和谐，使脾胃达到动态平衡。

宋祚民认为：小儿脾胃虚弱不同于成人，因成人脾胃之气旺盛，一般不易致虚，但虚后不易恢复，小儿脏腑稚弱，较之成人易于损伤而致脾胃之气不足，但不宜壅补，须振作脾阳。因之，成人健脾多用白术，小儿健脾则用苍术，因白术燥湿健脾益气，苍术则芳香醒脾除湿，可振脾阳。

小儿多动症，目前已成为临床常见疾病，中医对本病的研究自 20 世纪 80 年代开始。中医普遍认为小儿多动症的发病与小儿生理上的“脾常不足”、“肝常有余”、“肾常虚”关系密切，临床根据小儿症状的主次而分成心脾两虚型、肝肾阴虚型、痰火扰神型等证型，各型之间相互关联，相互影响。肾为先天之本，若患儿先天禀赋不足，加之后天调养不当，则致阴阳失衡，形成肝肾阴虚、肝阳上亢、肝风内动之候，如烦急易怒、形体多动。肝藏血，血属阴，肝肾阴虚则阴血亦虚，血不养心则注意力涣散，易忘事。脾为后天之本，小儿饮食不知自调，“饮食自倍，肠胃乃伤”，脾运失司，生化乏源，先天之肾得不到充养，阴血无以化生，心脾两虚而引发诸多证候。

宋祚民对小儿多动症进行了多年的研究，他观察到，多动症状如摇头、眨眼、耸肩及上课做小动作等，以及进一步的症状如注意力涣散、学习成绩差等，在服药一定时间后，多动症状最早出现好转，随后注意力及学习成绩逐渐出现好转。在痊愈的病人中，多动症状最早消失，继续服药则注意力及学习成绩逐渐恢复正常。因此他认为：肝主筋主风，肝气过旺则肝风动，肝风动则筋拘挛，身体多动。肝主气，气贯穿于全身，肝气调达，全身舒畅，五脏俱荣。肝气郁结则烦急，易激惹，任性冲动。肝气郁结则五脏之气不畅，五脏为之累而损，如心主思，心气不畅则才思不敏，神思涣散，学习成绩下降。所以肝是主要矛盾。也就是说，在五脏中，肝对于小儿多动症最为重要。

宋祚民多采用平肝潜阳为主，健脾养胃为辅的方法治疗小儿多动症。在辨证用药基础上，根据患儿多动的特点，加用重镇安神之品缓解症状，选用龙骨、牡蛎、珍珠母、灵磁石等具有平肝潜阳功效，又能宁心安神的药物。现代医学研究认为，龙骨、牡蛎煎熬后有抑制骨骼肌兴奋的作用。宋祚民还常用生石决明、白蒺藜、杭菊花、杭白芍、石菖蒲、川郁金、僵蚕、蝉衣、薄荷、茯苓、山药等中药。对于痰蒙清窍、多动难以制约、多语不避亲疏、抽动较重者，可加用青礞石、天竺黄，或将礞石滚痰丸、牛黄抱龙丸同煎服。即在每次煎药时，用布包一丸礞石滚痰丸或牛黄抱龙丸，放入汤药中同煎。对于多动频繁者，在应用钩藤等植物药效果不好时，应加用全蝎、蜈蚣等动物药，镇痉息风止动。

对于多动不甚频繁、体质较弱者，治疗时要以健脾为主，应用宋祚民自创的悦脾汤加减治疗之。虽有多动，不治动而治以调脾，此乃不治动而动则自止之意。

8岁男童迟某，四肢时时不自主抖动月余，同时腹肌不时上下抽动，在受批评、训斥时症状加重。上课时精神不集中，小动作较多，烦急，易激惹。宋祚民见其形体消瘦，舌体瘦小，舌质偏红，少苔，脉弦细。中医辨证为肝肾阴虚，肝失所养，肝郁气滞。治宜滋养肝肾，舒肝理气。方药：生石决明30g（先煎），珍珠母15g（先煎），杭菊花10g，杭白芍12g，生地黄10g，枸杞子10g，女贞子10g，旱莲草10g，当归10g，石菖蒲10g，川郁金10g，百合10g，钩藤15g（后下），川楝子10g。患儿服药7剂后，诸症大减，自诉有时上课感到头昏不清。加荷叶10g以升清阳之气，加茯苓15g健脾渗湿、宁心安神。患儿坚持服药28剂，家长反映其情绪稳定，多动症状基本消失，上课已基本可以坚持听讲，学习成绩有所提高。继服前药，改两日服1剂，连服3个月后停药。一年后追访，迟某一切正常，多动症痊愈后未出现反复。

此例患儿消瘦，平素急躁易怒，舌体瘦小偏红，说明其多动属肝肾阴虚，水不涵木之证，病位主要在肝肾。肾为先天之本，肝肾同源，小儿阴常不足，加之调养不当，造成肝肾阴虚之候，导致出现肝阳偏亢之象，如急躁易怒、多动多语。本病虽以多动为主症，但本型中以肝肾阴虚为主要矛盾，因此治疗时应从滋补肝肾入手，不能一味安神。通过滋养肝肾，阴血得以充盈，自能达到平肝息风之目的。

小儿血液病既是多发病又是疑难病，宋祚民注重这方面的研究数十年，摸索到了一点规律。血小板减少性紫癜、过敏性紫癜、贫血、血友病等，经过中药治疗后大多数效果理想。小儿白血病患者，经用中药治疗后，不少人症状减轻，个别的可以症状完全消除，血象化验恢复正常。

宋祚民认为，紫癜的出现与血络的失固、营卫的失和有十分密切的关系。如《内经》说：若邪客于孙络，孙络满而外溢大络。孙络和大络都与荣卫相通，若邪客于孙络、大络则影响荣卫的运行，致使荣卫稽留迟滞，荣卫不得配合流通运行，卫气不固而荣血外溢，荣血凝滞于肌表形成出血斑。因之营血虽然外溢，瘀于肌表，而实质仍为气血失调，治者应调内在之气血荣卫，而不只单纯消肤表之瘀斑。故而化瘀宜寓于养血之中，药用柔和，如鸡血藤、赤芍、苏木之类。

从斑色论治：斑色鲜红，多属于血热，治宜凉血清热；斑色紫红，为既有血热，又夹血瘀，治宜凉血化瘀；斑色淡红，多为血虚气弱，治宜养血益气；斑色黄瘀，多属血聚，治宜养血温化，调养血络。斑色的变化，其由鲜红到紫红，到淡红，也是转化的全过程。因其总体为虚证，其病之本质为气阴不足，血失常道。时时要以调护脾胃、顾护气阴为主，故很少用行气破血化瘀之法，即使化瘀也多在补养之中通血络。

斑色鲜红为阴虚血热，可用育阴凉血之剂，如犀角地黄汤，因犀角已经禁用，可用水牛角代替。斑色紫暗或紫淡，属阴虚血弱，可用二至丸，药用女贞子、旱莲草、桑椹、黄精、白芍、山药等；消斑在有热时用紫草、茜草、青黛、藕节以凉血止血化斑。对于较年长之女患童，其出紫斑不多，但月经量多而时间长，或一月两行，甚至淋漓不断，而近似漏证，治当调养经血，固摄冲任，如卫生汤之剂加减，当归、白芍、党参、山药用量宜大，更添二至丸及滋补肝肾之品如菟丝子、鹿角霜、金樱子等。辛温燥烈之品少用，如川芎、当归之类，以其温则行，辛则散，易促血行而使血外溢。如必用时，当配以阴柔之药如生地、熟地等。要知阴虚血热，其血不宁，不宜助热，热则动血，而易于出血。

治法虽应该清热凉血，然血药过凉又易损伤脾胃，而见食少腹痛便溏，服药期间，如过食生凉亦可出现此等症象。脾胃为后天之本，生化气血之源泉，脾胃运化功能减弱，对血液病的治疗影响较大，尤其再生障碍性贫血，亟须依赖脾胃吸收饮食物中的精微来充养，食疗将占有很重要的位置。因此用药须凉而不凝，温而不烈，固摄益气养血为治，气固则血止，气摄则血不外溢。化瘀而不动血，止血而不凝瘀，为治疗本病的要点。

13 岁女患童曹某，1981 年初诊。患童自 8 月开始牙龈出血，某医院诊为原发性血小板减少性紫癜，经治不见好转，来请宋祚民诊治。曾经服激素和中药治疗，食纳佳，二便可，其他未见异常，唯月经月行 3 次，每次量多，舌胖苔薄，脉大弱，查血小板 $12\times10^9/L$。证属气血两虚，血脉失和，用生龙牡（先煎）、桑寄生、木瓜、菟丝子、女贞子、旱莲草、山药、黄精、白芍、甘草、鸡血藤等药，水煎服。服药半月后行经，经量较前明显减少，为正常经量，一周净，查血小板 $82\times10^9/L$。上方加龟板、阿胶继服 30 剂，血小板升至 $157\times10^9/L$。一年后来诉：行经正常，血小板维持在 $150\times10^9/L$ 左右。

宋祚民认为，年龄较大女孩患血小板减少

性紫癜，其皮肤瘀斑一般较少，而月经常过多，有些病人经血淋漓不止，近于崩漏，此与肝脾肾冲任失调有关。《血证论》云："肝主藏血，血生于心，下行胞中，是为血海。凡周身之血，总视血海为治乱。"血生源于脾，统摄于脾，调节在肝，藏于肝，脾虚失于统摄，肝虚失于调节，肝肾乙癸同源，肝脾血亏，导致肾气不足，肾司开阖不利，失于闭藏，因而冲任不固，奇经受损，络血不宁，致使经水量多，淋漓不断。《素问·调经论》说："病在脉，调之血，病在血，调之络……"因此，治以调络养血，固摄冲任，下元得充，气血得和，紫斑见消。

冯某，男，7岁，自幼时有鼻衄，磕碰后身有瘀斑，未引起家长重视。4岁时，因拔牙而出现流血不止，经外院检查，血小板 $182\times10^9/L$，出血时间2分钟，凝血时间13分钟，凝血酶原消耗试验（PCT）8秒。纠正试验证实：第Ⅷ因子缺乏，第Ⅷ因子凝血活性（Ⅷ：

C）测定为5％。诊为甲型血友病。曾两次输新鲜血液治疗，症情无明显好转。故求诊中医，请宋祚民诊治。就诊时患儿右眼睑可见血肿，约核桃大小，右侧颜面漫肿青紫，右侧鼻孔红赤，口角糜烂，躯干及四肢皮肤散在瘀斑。伴见纳少、自汗、乏力。舌红，苔白厚，脉弦细。患儿有家族病史。中医辨证：气血两虚，外伤血瘀。治宜先以凉血化瘀治其标，再以益气养血固其本。方药：白茅根、地榆、当归尾、穿山甲、玄参、天花粉、桃仁、红花、赤芍等，另加三七粉与中药同服。

服药7剂，患儿精神明显好转，右眼血肿渐消，口疮已愈。又进原方7剂后，右眼血肿基本已消，但患儿纳食不馨、倦怠乏力、自汗等症状呈现。其舌淡红，苔白，脉弦细。中医治疗大法改为健脾养胃，益气养血，以后天补先天。方药改为：全当归、生黄芪、茯苓、莲子肉、黄精、藿香、天花粉、陈皮、焦山楂、旱莲草、玄参、藕节、竹茹。

患儿服前药14剂后，纳食明显增加，自觉周身有力，出汗减少。前方加砂仁、白芍、甘草。全方饮片粉碎，共研细末，炼蜜为丸，每丸3克，每次服2丸，每日服3次。

患儿连续服药半年，诸症消失。复查血液：血小板、出血时间及凝血时间均正常，凝血酶原消耗试验在正常范围，第Ⅷ因子凝血活性测定升至87%，在正常范围。10年后追访，此儿无鼻衄及紫斑出现，无任何出血现象，身体健康。

此患儿属轻型血友病患者，有家族史，其症状及体征、化验均支持甲型血友病的诊断。其就诊时，因出血症情较急，自当急治其标，以安血消肿为大法，选用凉血止血、化瘀和血之方药治之。白茅根凉血而又行血，地榆凉血可止血，天花粉凉血且可化瘀，三药凉血益阴为主药。方中用咸寒软坚之玄参，代替犀牛角凉血止血，并以桃仁、红花、赤芍以养阴活血化瘀。因为肿过甚，非一般化瘀消肿之药所能胜任，况血瘀络外，蓄于皮内而肿，故用当归尾、穿山甲，以其力略猛，方能达络而疏经通脉，令血行其道，并加以化瘀止血的三七粉与汤剂同服，可祛瘀生新。

宋祚民说：此系采用唐容川之止血、宁血、化瘀、养血等法之意。患儿血肿消退后，选用健脾养胃之剂为固本之法。肾为先天之本，脾为后天之本，全身气血皆赖于脾胃之水谷精微的滋养，故健脾养胃乃以后天补先天之意。方中黄芪益气，当归养血，茯苓、莲肉、黄精、陈皮、山楂健脾养胃，旱莲草、玄参、花粉养阴，藕节止血，竹茹和胃。后又加入砂仁芳香醒脾，白芍、甘草酸甘化阴。配制丸药，乃以丸药之缓力徐徐图之。

血友病属血证，多因先天肾气不足、血脉脆弱、脏腑气血失固，后天脾虚，统摄失职所致。骨髓充盛则气血运行正常，气血失固则血流妄行，溢于皮下为瘀为斑，出鼻窍为鼻衄，走下窍则便血尿血。因此治疗本病宜益气固摄，养血止血。

北京中医医院儿科曾开设小儿血液病治疗专科，由宋祚民主诊。数年间应诊者盈门，大夫们接顾不暇。在诊病之余，宋祚民将其治疗小儿血液病的经验、体会，撰写成论文《中西医结合治疗小儿白血病方案的探讨》，1983 年 1 月在《山东医学》杂志发表，《血液病治疗撮要》1986 年 3 月在《北京中医》杂志发表。这两篇论文在实践的基础上立论，观点稳妥，措施具体，深受医学同道的赞誉，后者获得北京市中医学会论文一等奖。

教学相长　授业传道

1958年，宋祚民进入北京中医学校师资研究班进修学习，第二年又被选派到卫生部举办的南京中医学院（现南京中医药大学）温病师资班学习，结业后正式调入北京中医医院中医学校任教员，开始了近10年的教学生涯。

中医学校主要是举办中医进修班。宋祚民讲授的课程有温病学、中医诊断学等，其中为北京市西医学习中医进修班第一、二期的80多名医疗骨干讲授中医基础理论与临床，这批西学中班的许多学员后来都成为中医界的名家，如危北海、周耀庭、温振英等。西医学习中医班除了上课学习外，还要分批到中医医院临床实习，如北京医学院（现北京大学医学部）一附院的儿科专家、曾留学美国的秦振庭教授，北京儿童医院的胡亚美院士，中苏友好医院的祝寿河院长，儿研所的方鹤松教授等都曾到北京中医医院来学习。他们分批来北京中医医院门诊，宋祚民作为带教老师，带领他们进行中医临床实习，他的医疗技术以及医德、医风，给这些人留下了深刻的印象。

宋祚民初到学校时，每天站在讲台上，看到下面的学生年龄与自己差不了几岁，有些进修生甚至比自己还大几岁，心中不免有些紧张，尤其害怕学员提问题，总担心答不上来，下不了台。于是，他每天抓紧一切时间读书，尤其是在上课前，一定要把第二天的课反复看几遍，把与之相关的内容找到，搞懂、搞清楚。俗话说：老师给学生一杯水，自己就要预备一桶水。中医是中国传统文化的一部分，中医典籍中有许多字，如今已不常用，或者已经不是原来的意思，要讲解文中的意义就需要深厚的古文功底。现在，中医药院校中专有一门课叫医古文，是学生的必修课。幸好，宋祚民上过10年私塾，对中国的传统文化有相当的基础，查书找资料，并不太吃力。宋祚民又跑新华书店，买来相关的字典、词典、大辞典等工具书，放在手边，随时查阅，把这些资料写进教案，或写在教科书上，讲课时随时可用。

宋祚民最先讲的是中医基础学、温病学。对于初学者而言，中医基础比较难懂，而且枯燥。他也觉得不好讲，怎么才能讲好课呢？他回忆起自己在国医学院当学生时老师讲课的情景，思索他们讲课当时的学生们为什么爱听。他受到启发，眼前豁然开朗，于是马上行动，把行医十来年遇到的病例写成小卡片，并分门别类用曲别针别在一起。备课时，抽出来夹在教科书里，讲课时随时用。如此一来，他的课非常受欢迎，学员们不仅听课有兴趣，而且都非常认真地记笔记。下课后，他常常被学员围住，解答问题。因为都是一些临床的问题，他解答自如，早把刚开始时害怕学员提问题的心理负担抛到脑后了。就这样，他很快就成了受学员欢迎的教师。

带学员到医院实习时，宋祚民结合见到的病例，讲中医的辨证论治，因地、因时、因患者的情况施教，学员感到收获非常大。到了1966年，学校不招学生了，学校根据教师讲课的专业特长分配到医院各科室，宋祚民被分配到北京中医医院儿科，从事中医临床、教学工作。

在北京中医医院工作的20多年间，宋祚民除了每日出门诊给小儿看病外，还为北京市郊区县中医脱产进修班讲授中医诊断学，为北京市名老中医著作研究班讲授温病课，为中华医学会北京分会主办的儿科进修提高班讲授临床课，为北京中医医院举办的多届中医进修班讲授儿科及温病学课等，为北京第二医学院先后6个班的学生系统地讲授中医学概论。除此之外，他还曾多次应邀去吉林、辽宁、内蒙古、山西、河北、河南、安徽等地讲学。

宋祚民在教学中杏林春满，桃李天下，许多医院都有他的学生。他还收了一些中医传承的徒弟，他的第一个徒弟叫吴普增。20世纪60年代初期，密云一带乙脑流行，病人的死亡率很高，惊动了市政府。北京市卫生局从市里抽调了一中一西两个医生到密云指导治疗工作，这个中医大夫就是宋祚民。吴普增是密云县医院的中医大夫，县里指派他跟随宋祚民左右，照顾宋祚民的生活。吴普增人非常老实，每天跟在宋祚民身后，查房、治疗，有时还要提着小药箱下村入户，为村民巡诊。吴普增拿个小本在宋祚民身旁边走边记，不知不觉跟宋祚民学了不少治病的经验。每当回到住处，吴普增就给老师打水洗脸、打饭、铺床等，勤快而麻利。宋祚民十分喜爱这个年轻人，抽空就给他讲小课，还把吴普增介绍到中医进修学校学习，使吴普增获益匪浅。当吴普增提出要拜宋祚民为师时，宋祚民毫不犹豫地一口答应下来。宋祚民回到学校，把收徒的事情向校长作了汇报，得到了单位领导的肯定和支持。于是吴普增就经常来听课，并通过宋祚民老师认识了学校的许多老师，学到了许多中医理论与治病经验，为后来成为密云县医院中医科主任、密云当地的一方名医打下了深厚的基础。

1990 年，北京开展老中医经验继承工作，宋祚民作为指导老师收其长女、鼓楼中医院大夫宋文芳，以及北京中医医院大夫李建为徒。3 年后，宋祚民荣获北京老中医经验继承工作三等奖。2003 年宋祚民入选全国五百名老中医药专家，参加第三批全国老中医药专家学术经验继承工作，李建作为国家级的徒弟、宋文芳作为市级的徒弟入选，继续跟宋祚民学习 3 年。

结业时，宋祚民荣获优秀带教老师称号。此次仅有6名学员获得优秀学员的称号，李建是其中之一。取得这样的成绩，宋祚民非常高兴。

2004年11月，在前门东侧的钓鱼台国宾馆前门宾馆院内，由北京中医药学会与炎黄国医馆联合主办了“宋祚民行医60周年”纪念大会，同时，举行了收徒仪式，徒弟吴普增、宋文芳、张维广、李建先行拜谢师恩，新收徒弟宋瑾、叶明、杨景海、贾少林、李辛、叶茂茂鞠躬、献花，行入门拜师礼，老师赠书认徒。国家中医药管理局、北京市中医管理局、北京中医药学会的领导前来祝贺。孔伯华的三子孔嗣伯前来祝贺，并送上“师承孔门，哑科独步”的贺词。原国家中医药管理局局长胡熙明亲笔题写“国医名师、杏林楷模”的贺词。与会人员200余人，场面热烈而隆重。会后相关媒体作了大量报道，引起同道的广泛关注。

宋祚民行医60多年，获得很多荣誉。1984

年他被评为北京市科协积极分子，1986 年获北京市卫生局颁发的“从事中医工作三十年”荣誉证书，1988 年获中国中西医结合研究会颁发的“培养中西医结合人才作出贡献荣誉证书”，1990 年获中国中医药文化博览会授予的百名专家荣誉证书，1995 年获北京市中医药管理局颁发的“北京市老中医工作中作出突出贡献”荣誉证书，2000 年荣获北京中医药学会颁发的建会 50 周年“中医药工作贡献奖”奖杯，2003 年获首都医科大学颁发的“从事中医教育工作三十年”荣誉证书，2008 年被评为全国第三批老中医药专家学术经验继承工作指导老师。

养生保健　益寿延年

宋祚民如今已 86 岁高龄，仍精神矍铄，每周数日出门诊，坚持为病人服务，使许多晚辈医生赞叹不已。

宋祚民的健康高寿与其在精神上的无欲无求有很大关系。他给徒弟们讲课，谈到养生时说：祖国医学十分注重养生，在古典医籍中，讲养生的书或书中的篇目，可以说浩如烟海，俯拾即是，比如《内经》是现存中医最经典的著作。在这部书中，讲养生的篇目超过了讲治疗的篇目，尤其是开篇《上古天真论》中提出“虚邪贼风，避之有时，恬淡虚无，真气从之，精神内守，病安从来”，以及“食饮有节，起居有常，不妄作劳”。这里涉及饮食、运动、起居、自我保护等许多内容。宋祚民认为养生应包括两方面的内容：精神养生和身体养生。

精神养生，强调的是一种精神、一种状态。它不同于现代心理学的心理调节、情绪调节。心理调节和情绪调节是个人有意识、有目的地调整自己的情绪、认知，通过调整来控制自我意识。而中医的精神养生，强调的是恬淡虚无，这是一种减弱自我意识、无欲无求、安然内观的状态，简单讲就是无我、忘我。在这种状态下，人的生命活动才是最自然、最健康的。只有在这种状态下，“精神”才能“内守”，“真气”才能“从之”。怎么做才能达到无我、忘我？宋祚民认为：作为一个人要做到这一点，必须要学会放弃，“不以物喜，不以己悲”，顺其自然。在当代社会里，人们做不到的恰恰是这一点，物欲、官欲、金钱欲、口欲、肉欲、拥有欲、贪婪、嫉妒、妄自尊大，等等，无一不在吸引、诱惑着人们，怎么能做到恬淡虚无，精神内守？所以，要做到精神养生，就要克服欲念，忘掉自我。宋祚民在1949年中华人民共和国成立前，为解放军战士、十四区区政府和北郊公安分局的工作人员及家属，还有关押的犯人看病，为此公安分局每月给他一定的报酬，他还被北郊十四区政府指定为卫生委员会委员。按理说有此经历，当视为参加革命工作，应享受离休待遇，只是由于与当时的证明人失去联系，阴差阳错，他就按退休办理了手续。如今，已经十几年过去了，宋祚民常常对徒弟们说：我现在不是挺好吗，离休、退休都是回家养老，只不过离休多拿点钱。我现在每月退休金几千元，吃不了、花不完，要那么多的钱我也带不走。只要身体健康，多看一看祖国的变化，看着你们都成长起来，咱们中医事业后继有人，我就心满意足了。

宋祚民常说：我已经80多岁了，从事中医

事业60多年，早年为生活而学医，中年为能够治好一个个病人而高兴，晚年回忆起那些经我手治愈的病人幸福的面庞，为能够帮助他们解除疾病的痛苦而快乐，并且，我现在仍然能够为他们做一些事情，我感到十分快乐。如果说我还有什么要求，那就是能够在有生之年，多为周围的老百姓做点事情。现在人们谈论的养生，主要是身体养生，通过调节人们的饮食、起居、情绪、运动，来强化人们的健康状况，以达到长寿的目的，实际上它还是一种自我保护的措施。

宋祚民的长寿之道，与家庭幸福有很大关系。他有5个子女，只有长女宋文芳继承父业，在北京中医界小有名气。2004年后她到马来西亚行医数年，声名鹊起，很受当地华人欢迎。次女宋文琪1981年毕业于北京卫生学校，分配到北京市儿童医院检验中心从事医学检验工作。她在工作中，刻苦努力，追求进步，在职读研，现已取得硕士学位，并获得主任技师职称。另有三子，皆在其他行业工作。可喜的是长孙女宋瑾从小在爷爷身旁，耳濡目染，立志中医，2004年从北京中医药大学毕业后，在首都医科大学附属北京中医医院从住院医生做起，一步一个脚印，为接爷爷的班在做大量的积累，其前途无量。

现在大家都认识到：要健康，必须从口做起。宋祚民很早就认识到这点，他每日的饮食以清淡、素食为主，很少饮酒，口味偏淡，不食辛辣。平日做到一好一饱一少：早晨吃好，因为上午常要出门诊，所以，一定要吃好，一般喝一小碗牛奶或米粥，吃一个鸡蛋，馒头或点心一块；中午吃饱，中午是正餐，有菜有主食，多吃蔬菜少吃肉，喜吃面食，粗细粮搭配；晚饭吃少，为避免出现胃不和则卧不安，他常常只喝粥，很少吃主食。遇喜庆之时，才微饮半两白酒，从未见他豪饮。

早睡早起是宋祚民多年养成的习惯。每日

午饭后，他有睡午觉的习惯。宋祚民十分重视“子午觉”。所谓“子午觉”是古人的一种说法。子，指子时（夜间11点至1点）；午，指午时（白天11点至1点）。古人认为，这个时间是阴阳盛衰之时，人应该入静，以适应自然界的这个变化。尤其是子时入静，更为重要，所以熬夜对身体损害较大。年轻时，他也曾经熬夜读书学习，后来发现熬夜后，身体常常出现不适症状。他逐渐认识到这个问题，就改变了不利于健康的做法，养成了睡“子午觉”的习惯。他每天还做揉腹按摩，自称“卧榻静功”。一般在每日睡前做，当身体不适时，就在睡醒后晨起前增加一次。他认为，做揉腹按摩是以腑养脏，有助于胃肠的消化功能，亦有助于睡眠以及疲劳后恢复。

流水不腐，户枢不蠹。对健身而言，这说明运动是重要的，在工作之余还需进行必要的运动，如太极拳、体操等，才有利于健康。锻炼不能一时兴起，采取要么不练，要么拼命练的方法。应该每天拿出一点时间，坚持不懈，细水长流，同时注意活动量，要强弱适度，保持身心放松，不可把锻炼当成任务而急于完成，那会适得其反。

宋祚民日常没有什么爱好，但是十分重视晨练。老年人一般多有腰疼、腿疼、行走不便。他身体不好，加上每日出门诊，一坐就是半天，下肢活动较少，所以，在晨练时，多做抬腿、踢腿、转膝、弯腰等运动，他称之为自创“腰腿动功”。一般每次做半小时左右，以达到运转周身血脉、疏通经络、强筋壮骨的目的。晨练后，他还常常要做些力所能及的家务，如扫扫地、洗洗衣服。他奉行朱熹的格言“黎明即起、洒扫庭除”，既活动手脚、身体，也为家里做点事情，更重要的是还可协调家庭人际关系，何乐而不为。

宋祚民说：人能够长寿，最重要的是心态。

“生不带来、死不带走”，说的就是人生真正需要的金钱物质是有限的，在物质享受方面，不可过分要求，“知足者常乐”。因为生活攀比是无穷无尽的，当不能满足时，就会自生烦恼，人的正常生理活动就要受影响，就会损害健康，更能催人衰老。其中，情绪不稳定是非常重要的因素。人生在世，为人类做些有益的事，也就心安理得了。“不为良相，即为良医”，是他人生的一大抱负。“医生”是一个崇高的职业，作为医生应把帮助他人增进健康作为目的，由此而产生自我快乐。作为医生应以治病救人为己任。当一个人能够做到“忘我”，当一个人把能帮助别人做点事情当成一种快乐，那么，他一定能够长寿。

宋祚民曾言：“若不欣逢盛世，我未必能有所成就。如今虽然‘鬓衰头似雪’，但尚有雄心志，还要‘老骥耻伏枥，紧傍千里驹’，再为后人作点贡献。”

附宋祚民锻炼方法：

方法一（腰腿动功）

准备姿势：身体直立，两脚分开与肩同宽，两手叉腰，两眼平视前方。

一是抬脚运动：右脚向上提起 8～16 次，然后左脚提起 8～16 次。每次提脚时先吸气，落脚时呼出，皆要匀缓不出声。

二是旋转膝：上体前屈，双手同时扶膝，两膝弯曲，同时按顺时针自右向左旋转 8～16 次，再自左向右旋转同样的次数。

三是踢蹬运动：两脚交替向前踢各 16 次，踢时脚趾下抠，落脚时放平。

四是踢腿运动：两腿交替向上，高踢腿各 16 次。

五是提腿运动：先抬右腿 8～16 次，然后抬左腿 8～16 次。

六是屈腰运动：两手指交叉，手掌向前缓慢屈腰，手向脚部下伸，以挨脚为度，8～

16 次。

以上运动初做时，要适度，不要勉强，日久则能自如。

方法二（卧榻静功）

准备：洗漱完毕，平卧榻上，全身放松。

一是以左手心按在腹部任脉的关元穴（脐下 3 寸，约四横指），右手叠于左手背上，向左旋转，做圆周按揉运动，做 64 圈。然后改右手按在关元穴，左手叠于右手背上，向右旋转，做圆周按揉运动，亦为 64 圈。

二是以左手心在下，右手叠于左手背上，自胸部任脉的上脘穴（脐上 5 寸，约在胸口窝下方），经过中脘穴、下脘穴、神阙穴、气海穴，至关元穴，做 64 次向下推按运动。

推按揉摩时宜轻柔，将力透于皮肤之下，又不可用力太大。

（撰稿人　李　建）

参加编写人员：宋文芳　宋　瑾　宋文琪
宋文兴　宋文成　宋文瑞
吴普增　叶　明　贾少林
刘晨涛　马志超　张维广
杨景海　叶茂茂　王东华

《中华中医昆仑》丛书150位医家名录

（按生年排序）

张锡纯	丁甘仁	萧龙友	王朴诚	恽铁樵
曹炳章	冉雪峰	谢　观	施今墨	汪逢春
孔伯华	黄竹斋	吴佩衡	蒲辅周	陈邦贤
李翰卿	李斯炽	姚国美	陆渊雷	张泽生
时逸人	张梦侬	叶橘泉	王聘贤	陈慎吾
邹云翔	赵炳南	承淡安	余无言	刘惠民
岳美中	沈仲圭	秦伯未	赵锡武	韦文贵
程门雪	黄文东	赵心波	董廷瑶	吴考槃
章次公	石筱山	陆南山	张赞臣	李聪甫
刘绍武	陈存仁	朱仁康	陆瘦燕	姜春华
韩百灵	高仲山	李克绍	王鹏飞	刘春圃
金寿山	哈荔田	何世英	周凤梧	干祖望
关幼波	王为兰	任应秋	罗元恺	祝谌予
杨医亚	郭士魁	何时希	耿鉴庭	俞慎初

裘沛然	顾伯华	江育仁	邓铁涛	门纯德
刘渡舟	尚天裕	朱良春	李玉奇	程士德
尚志钧	赵绍琴	董建华	米伯让	李辅仁
张珍玉	班秀文	颜正华	于己百	颜德馨
路志正	方药中	王乐匋	黄星垣	谢海洲
余桂清	何　任	王子瑜	程莘农	陈彤云
焦树德	张作舟	张　琪	李寿山	张镜人
王绵之	方和谦	印会河	王玉川	蔡小荪
李振华	马继兴	王嘉麟	宋祚民	刘弼臣
王雪苔	刘志明	吴咸中	李今庸	任继学
裴学义	王宝恩	周霭祥	贺普仁	唐由之
赵冠英	许润三	金世元	陆广莘	刘柏龄
徐景藩	吉良晨	吴定寰	沈自尹	王孝涛
张灿玾	周仲瑛	强巴赤列	张代钊	李经纬
郭维淮	柴松岩	苏荣扎布	陈可冀	李济仁
夏桂成	郭子光	巴黑·玉素甫	张学文	陈介甫